36

供电企业生产技能人员标准化作业培训教材

输电线路停电安装线路型避雷器

福建省电力有限公司 组编

输变电

中国电力出版社
CHINA ELECTRIC POWER PRESS

内 容 提 要

本册书是按照《供电企业生产技能人员标准化作业培训教材》体系的要求，结合生产实际编写而成。本册书共分为两大部分，主要从输电线路停电安装线路型避雷器的工作流程、工作质量标准与控制、安全风险分析与预控、管理与记录要求等方面予以详细阐述，结合实际作业案例进行分析，并附实际作业案例相关的标准化作业指导书、安全质量控制卡等内容。

本册书作者都是长期从事电力生产一线的员工，有较为丰富的现场实际经验，所列举的案例也是实际生产过程中所发生的，具有较强的生产现场指导意义。本册书可作为供电企业输电线路生产技能人员的培训教学用书，也可作为电力职业院校教学参考用书。

图书在版编目（CIP）数据

供电企业生产技能人员标准化作业培训教材. 输变电/福建省电力有限公司组编. —北京：中国电力出版社，2012.12
ISBN 978-7-5123-3810-4

Ⅰ. ①供… Ⅱ. ①福… Ⅲ. ①供电－工业企业管理－标准化管理－中国－技术培训－教材 ②输电－电力系统－技术培训－教材 ③变电所－电力系统－技术培训－教材 Ⅳ. ①F426.61

中国版本图书馆 CIP 数据核字（2012）第 287838 号

中国电力出版社出版、发行
（北京市东城区北京站西街 19 号 100005 http://www.cepp.sgcc.com.cn）
北京九天众诚印刷有限公司印刷
各地新华书店经售

*

2013 年 1 月第一版 2013 年 1 月北京第一次印刷
787 毫米×1092 毫米 16 开本 84 印张 1766 千字
全册定价 **232.00** 元

陈艺鑫　陈日坤　陈祥舒　陈朝晖　陈德兴

林　衡　林一泓　林志敏　林志强　林轶群

林海渊　欧世尧　欧永连　罗　松　罗　毅

金建宁　郑哲人　郑雄俊　郑黎斐　赵道阳

施　纬　施广宇　洪西卿　钱志立　翁晓锋

涂恩来　黄　亮　黄国敏　董　磊　傅智为

潘晨曦

前言

preface

为了更好地服务“五大”体系建设，提升生产技能人员良好的“职业化”行为习惯，建立与现场标准化作业生产环境一致的培训课程体系，福建省电力有限公司以现场标准化作业指导书为蓝本，组织开展生产技能标准化作业培训教材的编写工作。为确保教材的编写质量和进度，由总工程师李功新主抓此项工作，多次召集工作协调会，定期听取编写进度汇报；人力资源部负责教材编写的组织工作，运维检修部、科技信通部和调度控制中心负责教材编写的具体工作，福建省电力有限公司和基层单位技术专家组成教材编写与审定小组，公司培训中心负责教材编写框架和编写规范的制订、编写进度跟踪及其他协调工作。

本套教材集中了福建省电力有限公司众多专家学者的智慧，采用了全新的组织架构，突出了基于现场标准化作业的培训特色。本套教材分为配电专业、输变电专业和二次专业三本书，包括91项现场标准化作业项目（子分册），具有很强的针对性和实用性。各项目（子分册）分为两部分：第一部分介绍了各项目的工作流程、工作质量标准与控制、危险点分析与预控、管理与记录要求、作业案例等；第二部分罗列了标准化作业指导书等标准化作业文本，并结合第一部分的作业案例说明了标准化文本的填写规范。部分项目（子分册）还在附录部分对设备等内容进行了说明。

其中，配电专业分为架空线路、配电设备、计量装置及其他设备，由福建省电力有限公司运维检修部高级工程师姚亮担任编写组长，福州电业局、厦门电业局、莆田电业局、泉州电业局、漳州电业局、龙岩电业局、三明电业局、南平电业局、宁德电业局、福清电力公司、石狮电力公司、晋江电力公司、南安电力公司、长乐电力公司等单位的专家参与编写工作。输变电专业分为开关类、线圈类和架空线路及电缆，由福建省电力有限公司运维检修部高级工程师林平担任编写组长，福建省电力科学研究院、检修分公司、福州电业局、厦门电业局、莆田电业局、泉州电业局、漳州电业局、龙岩电业局、三明电业局等单位的专家参与编写工作。二次专业分为继电保护、综合自动化、直流系统和电力通信，由福建省电力有限公司调度控制中心高级工程师宋福海、科技信通部高级工程师连纪文担任编写组长，福建省电力科学研究院、检修分公司、信息通信分公司、福州电业局、厦门电业局、莆田电业局、泉州电业局、龙岩电业局、三明电业局、南平电业局等单位的专家参与编写工作。

本册由厦门电业局严有祥担任编写组长，泉州电业局吴志成、厦门电业局叶色亮、福州电业局王全兴、三明电业局沈明松、李春等编写；福建省电力有限公司运维检修部吴虹主审，福建省电力有限公司运维检修部林力辉、漳州电业局李郭然、厦门电业局胡志猛、吴增辉、福建省电力科学研究院李强等参审。

本教材在编写、审定过程中得到了福建省电力有限公司有关单位领导和专家的大力支持和帮助，在此一并感谢。同时，也感谢中国电力出版社的大力支持。

由于编者能力所限及编写时间仓促，难免存在疏漏之处，恳请各位专家和读者提出宝贵意见。

contents 目录

第一部分 标准化作业培训

1 作业描述

根据线路型避雷器安装标准化作业指导书，介绍停电安装线路型避雷器的工作流程和质量标准要求。通过对工艺流程及作业案例的介绍，掌握线路型避雷器停电安装所需工器具、材料、工作流程、质量标准、作业中的危险点预控、操作步骤、管理要求等内容。

2 工作流程

停电安装线路型避雷器的工作流程如图 1-1 所示。

3 工作质量标准与控制

3.1 引用标准

GB 50233—2005 《110～500kV 架空送电线路施工及验收规范》

GB 50545—2010 《110～750kV 架空输电线路设计规范》

GB 26859—2011 《电力安全工作规程（线路部分）》

DL/T 741—2010 《架空输电线路运行规程》

DL/T 815—2002 《交流输电线路用复合外套金属氧化物避雷器》

JBT 10497—2005 《交流输电线路用复合外套有串联间隙金属氧化物避雷器》

3.2 安装质量控制

3.2.1 避雷器在安装前应进行检查

（1）检查包装箱是否破损、受潮，制造厂家、产品名称及型号是否与所订购产品一致。

（2）随产品提供的包装清单、产品出厂合格证明书、安装使用说明书是否完整。

（3）检查避雷器的例行试验结果是否合格。

（4）对照包装清单检查备品附件是否缺少或损坏。

（5）检查避雷器的外观和铭牌是否缺少或损坏，避雷器的压力释放板是否完好无损，封口处密封应良好。

（6）铭牌与所订购的产品是否一致。

（7）避雷器裙伞应干净，不得粘污泥土、砂粒等污染物。

（8）复合外套表面单个缺陷面积（如缺胶、杂质、凸起等）不应超过 $5mm^2$，深度不大于 1mm，凸起表面与合缝应清理平整，凸起高度不应超过 0.8mm，粘接缝凸起高度不应超过 1.2mm，总缺陷面积不应超过复合外套总表面积的 0.2%，且憎水性应良好。

（9）检查、记录计数器动作次数，记数器密封应良好。

（10）带串联间隙避雷器的间隙应符合设计要求。

3.2.2 避雷器在安装过程中的要求

（1）安装的避雷器裙伞应保持干净，不得粘污泥土、砂粒等污染物。

（2）人员不得攀爬避雷器设备，以防避雷器绝缘外套出现裂纹或发生避雷器断裂伤人。

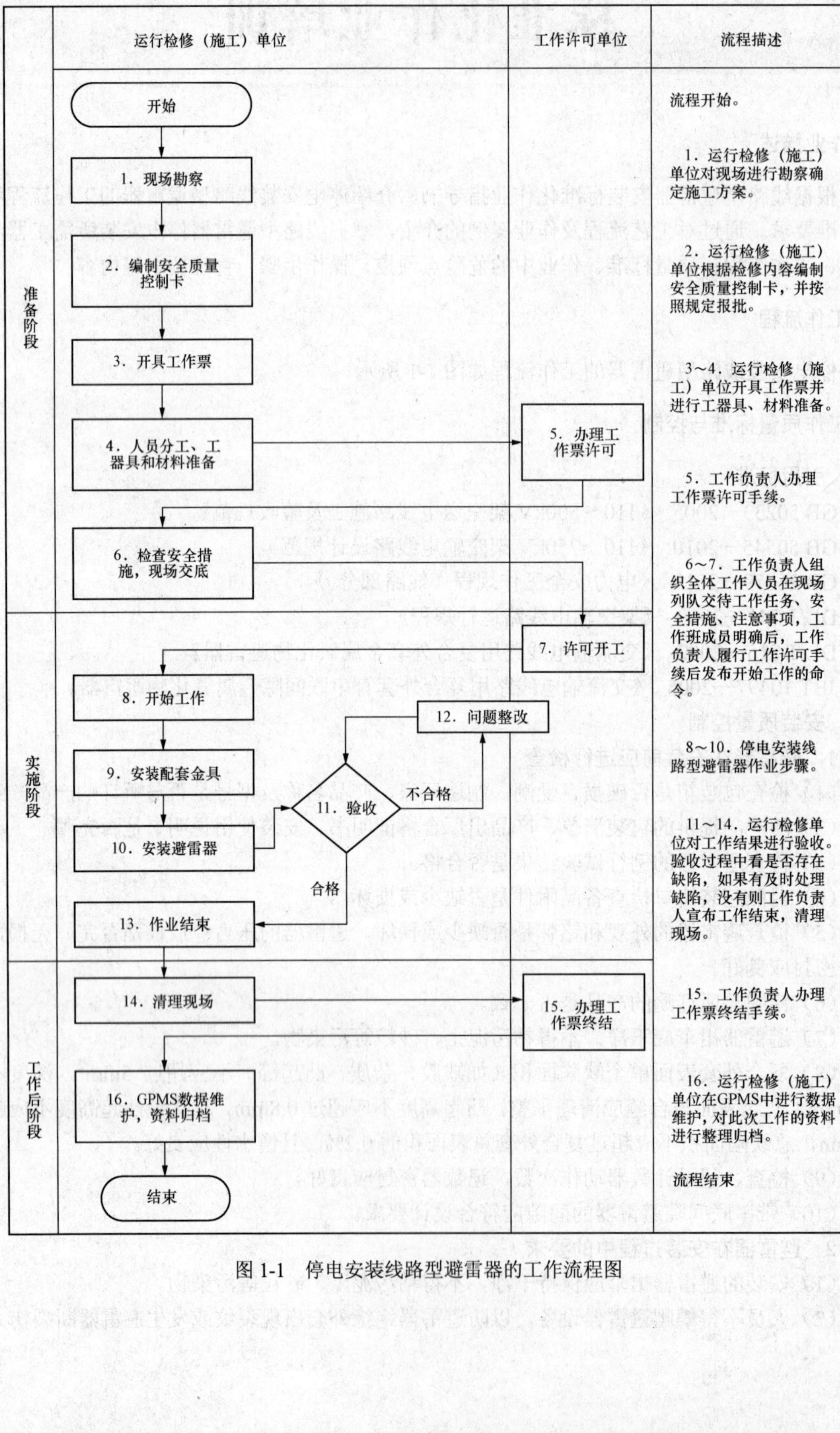

图 1-1　停电安装线路型避雷器的工作流程图

（3）避雷器吊装过程应采取措施，防止碰撞损坏。

（4）作业时应采取防止工器具碰伤绝缘子的措施，安装中严禁踩踏复合绝缘子上下导线。

（5）采用螺栓连接时，必须使用弹簧垫片。

（6）避雷器的引流线接线板严禁使用铜铝过渡。

（7）塔上固定支架、导体上线夹安装位置必须选择正确，必要时应进行专门设计，以满足电气距离要求。

（8）避雷器本体应尽量垂直悬挂安装，并满足设计（或厂家安装使用说明）电气距离要求。

（9）为了方便安装或调整电气距离，施工时应多备带延长环、各种挂板等调节长度及角度的线路金具。

（10）对于带绝缘支撑间隙的避雷器：其避雷器本体与杆塔横担、支撑间隙绝缘子及导线的连接，各连接部位均应采用链接结构，并严格按设计图纸要求进行安装，禁止擅自取消连接金具，确保各连接部位转动灵活，并留有裕度，其安装结构可参考图 1-2。

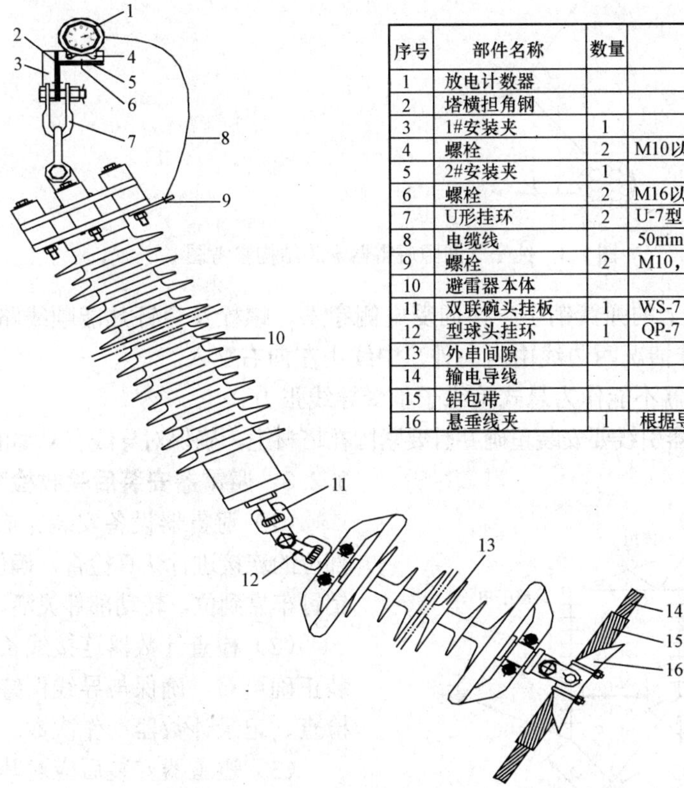

序号	部件名称	数量	备注
1	放电计数器		
2	塔横担角钢		
3	1#安装夹	1	
4	螺栓	2	M10以上，装计数器
5	2#安装夹	1	
6	螺栓	2	M16以上
7	U形挂环	2	U-7型
8	电缆线		50mm²
9	螺栓	2	M10，电缆线连接
10	避雷器本体		
11	双联碗头挂板	1	WS-7
12	型球头挂环	1	QP-7
13	外串间隙		
14	输电导线		
15	铝包带		
16	悬垂线夹	1	根据导线确定型号

图 1-2　带绝缘支撑间隙的避雷器安装结构参考图

（11）对于采用纯空气间隙的避雷器：避雷器本体与延伸横担（可采用槽钢或角钢支架延导线方向伸出）及杆塔横担的连接采用刚性结构，安装时应采用双螺栓双螺母锁紧，避雷器的弧形电极（空间间隙弧型端子）中心与导线相重合且成垂直 90°，确保导线摆动时，空气间隙长度基本恒定，该类型避雷器一般只在直线杆塔应用，其安装结构可参考图 1-3。

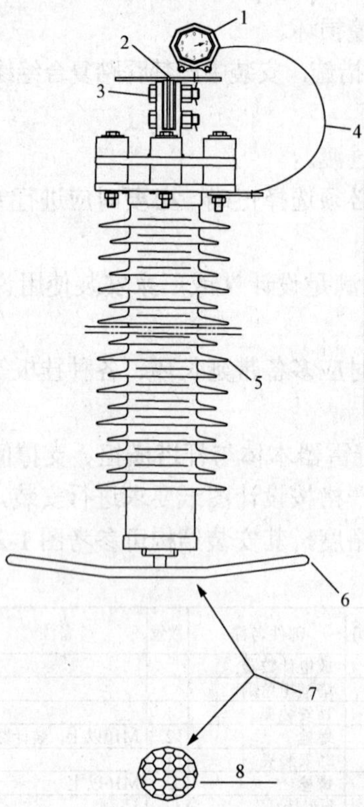

序号	部件名称	数量	备注
1	放电计数器		
2	横担延伸角钢	2	顺导线延伸
3	螺栓	2	M16以上
4	电缆线		50mm²
5	避雷器本体		
6	空气间隙弧型端子	1	
7	外串空气间隙		
8	输电导线		

图 1-3　纯空气间隙避雷器安装结构参考图

（12）避雷器线夹上的弹簧销子一律向受电侧穿入，螺栓及穿钉凡能顺线路方向穿入者宜向受电侧穿入，特殊情况两边线由内向外，中线由左向右穿入。

（13）线路型避雷器不能作为悬式绝缘子承受导线张力。

（14）避雷器计数器引线要安装正确并且要紧固在塔材上，确保对导线有足够的安全距离。

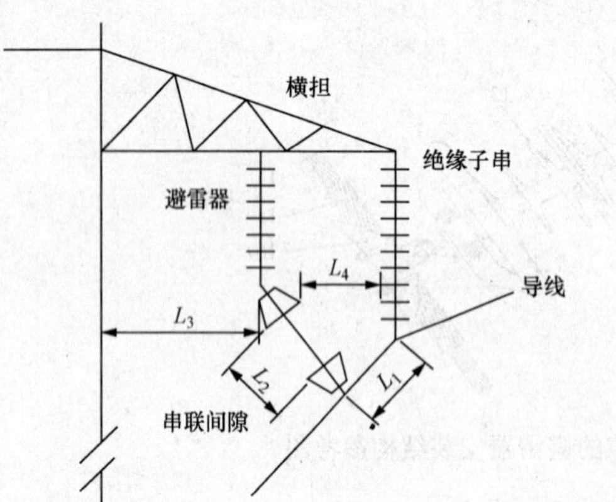

图 1-4　带串联间隙避雷器安装结构主要间隙尺寸示意图

3.2.3　避雷器安装后验收检查

（1）避雷器设备安装完成后，应对各部位的连接进行认真检查，确保各紧固件、销钉牢靠到位，转动部件灵活。

（2）检查计数器连接线长度适当，安装正确可靠，确保与导线保持安全距离，检查、记录计数器动作次数。

（3）避雷器安装后应对其各电气距离进行检查复测，不符合要求应及时调整，确保满足设计要求。带串联间隙避雷器主要电气距离如图 1-4 所示，主要有：绝缘子悬垂串与支撑间隙绝缘子悬垂线夹距离（L_1），避雷器串联间隙距离（L_2），避雷器本体高压端至接地体的绝缘距离（L_3），上放电环至绝缘子悬垂串的距离（L_4）。各电气距离应按设计或厂家安装说明进行调整，各电压等级主要电气距离参考值见表 1-1。

表 1-1　带串联间隙避雷器各主要电气距离参考值

电压等级（kV）	各间隙参考值（mm）			
	L_1	L_2	L_3	L_4
110	500（视安全距离要求按实际需要调整）	550±10	≥1500	≥700
220	1000（视安全距离要求按实际需要调整）	880±10	≥1900	≥1550
500	可调整	1650±150	—	≥3500

注　以上数据仅供参考，现场安装时应以设计或厂家安装使用说明书为准。

4　安全风险分析与预控

4.1　危险点 1：设备故障（避雷器断裂）

事故案例

10 月 5 日，××电业局送电部运行人员在巡视过程中发现两起带间隙避雷器断串缺陷（见图 1-5），分别为 220kV 大仙Ⅱ路 82 号塔避雷器断 1 相和 220kV 泉贵线 53 号塔避雷器断 3 相，发生断串的两基杆塔均为直线塔，而同一地段的耐张塔未发生类似情况，两基杆塔的避

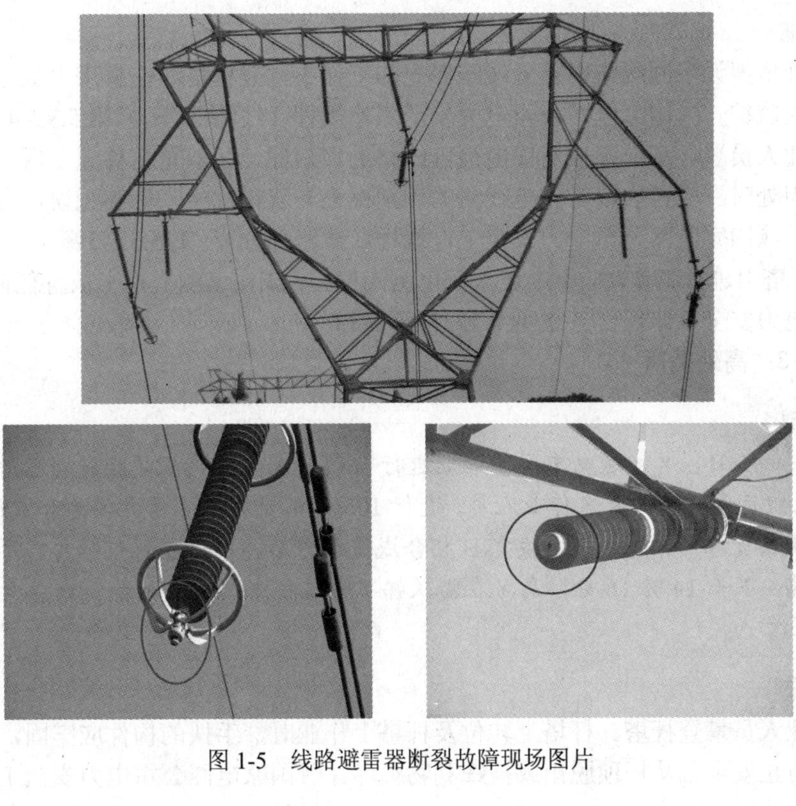

图 1-5　线路避雷器断裂故障现场图片

雷器均安装于去年年底，安装结构形式均相同，采用避雷器＋双联碗头＋间隙绝缘子的安装形式。经分析，发生断串的直接原因是导线在风力的作用下发生风偏摇摆，由于线路避雷器与支撑间隙绝缘子连接部件转动不灵活，转动受限造成避雷器端部球头承受弯力，且避雷器上的球头金具材质为不锈钢（非标准金具），抗弯强度不高，导致球头发生断裂，造成避雷器与间隙绝缘子脱离。

防范措施

（1）优化避雷器的连接方式，在各连接部位适当增加直角挂板等连接金具，加大避雷器各连接部件转动空间裕度，提高其转动的灵活度。

（2）改良避雷器端部金具材质，提高其抗弯强度。

（3）在直线塔上尽量采用带纯空气间隙线路型避雷器。

4.2 危险点 2：触电

事故案例

3 月 29 日，××局送电处检修一班按计划进行 35kV 良杜 I 线（色标为红黑相间）停电检修。在 9 时 23 分许可工作后，按照分工，第一组由检修一班班长牟×带领马×执行 1 号、2 号塔上消缺任务，马×塔上作业，牟×地面监护。10 时左右，二人转移到 2 号（与良杜 II 线同杆架设，良杜Ⅱ带电），马×沿良杜 I 线侧的脚钉登塔，在上到下横担处时，将一把扳手掉了下来。负责监护的牟×在下寻拣扳手时，马×继续上塔，在未认真核对线路名称和辨认线路色标，进入另一侧带电的良杜 II 线间隔，系好安全带后准备紧固引流线线夹螺丝，用左脚钩导线时触电（10 时 11 分左右）死亡。

防范措施

（1）同杆塔架设多回线路中部分线路停电的工作中，登杆塔和在杆塔上工作时，每基杆塔都应设专人监护。（《国家电网公司电力安全工作规程（线路部分）》第 5.3.5.4 条）

（2）作业人员登杆塔前应核对停电检修线路的识别标记和双重名称无误后，方可攀登。登杆塔至横担处时，应再次核对停电线路的识别标记与双重称号，确实无误后方可进入停电线路侧横担。（《国家电网公司电力安全工作规程（线路部分）》第 5.3.5.5 条）

（3）在杆塔上进行工作时，不准进入带电侧的横担，或在该侧横担上放置任何物件。（《国家电网公司电力安全工作规程（线路部分）》第 5.3.6 条）

4.3 危险点 3：高处坠落

事故案例

5 月 8 日～15 日，××送电工区按计划进行 500kV 冯大 I 号线更换绝缘子作业。5 月 12 日，第三作业组负责人带领 8 名作业人员，进行 103 号塔瓷质绝缘子更换为合成绝缘子工作。塔上 2 名作业人员邢×、乌×在更换完 B 相合成绝缘子后，准备安装重锤片。邢×首先沿软梯下到导线端，下午 14 时 16 分，乌×在沿软梯下降过程中，从距地面 33m 高处坠落，送医院抢救无效死亡。

防范措施

（1）作业人员攀登杆塔、杆塔上转位及杆塔上作业时，手扶的构件应牢固，不准失去安全防护，并防止安全带从杆顶脱出或被锋利物损坏。（《国家电网公司电力安全工作规程（线

路部分）》第 6.2.3 条）

（2）在杆塔上作业时，应使用有后备绳或速差自锁器的双控背带式安全带，当后保护绳超过 3m 时，应使用缓冲器。安全带和保护绳应分别挂在杆塔不同部位的牢固构件上。（《国家电网公司电力安全工作规程（线路部分）》第 6.2.4 条）

（3）高处作业人员在作业过程中，应随时检查安全带是否拴牢。高处作业人员在转移作业位置时不准失去安全带防护。（《国家电网公司电力安全工作规程（线路部分）》第 7.10 条）

（4）工作负责人、专责监护人应始终在工作现场，对工作班人员的安全进行认真监护，及时纠正不安全的行为。（《国家电网公司电力安全工作规程（线路部分）》第 2.5.1 条）

4.4 危险点 4：高处落物伤人

事故案例

4 月 10 日，××送电工区线路二班对 220kV××线路进行检修工作，其中 33 号铁塔更换绝缘子的工作由梅×担任组长，塔上工作人员有三人担任，地勤人员有任×、熊×及 5 名临时工。上午 9 点左右开始工作，10 点 30 分左右塔上、塔下工作人员分别将新、旧绝缘子串绑扎好后，采用循环吊方式将旧绝缘子放下，新绝缘子吊上。当新绝缘子串上升到接近铁塔下横担（离地面约 18m）时，熊×从重物（新绝缘子串）下通过，正遇上白棕绳结头滑脱，新绝缘子串从高处坠落，击中熊×头部（安全帽被砸烂），送医院途中死亡。

防范措施

（1）杆塔作业应使用工具袋，较大的工具应固定在牢固的构件上，不准随便乱放。上下传递物件应用绳索栓牢传递，禁止上下抛掷。在杆塔上作业，工作点下方应按坠落半径设围栏或其他保护措施。杆塔上无法避免垂直交叉作业时，应做好防落物伤人的措施，作业时要相互照应，密切配合。（《国家电网公司电力安全工作规程（线路部分）》第 6.2.5 条）

（2）在进行高处作业时，除有关人员外，不准他人在工作地点的下面通行或逗留，工作地点下面应有围栏或装设其他保护装置，防止落物伤人。（《国家电网公司电力安全工作规程（线路部分）》第 7.13 条）

5 管理与记录要求

（1）召开班前会、班后会。

（2）将安装的线路型避雷器参数等台账录入 GPMS 系统。

（3）将班前会和班后会录音上传至 GPMS 系统，并做好登记。

（4）将本次作业过程记录录入到 GPMS 系统，进行评估和终结作业流程。

6 作业案例

220kV 城星 I 路 19 号塔停电安装三相线路型避雷器作业。

6.1 作业准备阶段

6.1.1 准备工作

序号	工作项目	工作内容或要求	备注
1	勘察现场、查阅资料	1. 查阅施工线路的图纸资料，了解和掌握作业所需的各种参数。 2. 勘察现场，了解交叉跨越、平行线路、有无影响施工的障碍物等情况。 3. 查阅避雷器安装使用说明	

表（续）

序号	工作项目	工作内容或要求	备注
2	编制作业指导书	包含安装工作任务的人员分工、作业方案、质量控制流程和工艺标准、作业危险点分析及控制措施等内容	
3	工作方法	安装带支撑绝缘子间隙的避雷器	
4	主要工器具及材料	详见安全质量控制卡	
5	作业人员资格审查	必须取得送电线路专业上岗证书，经安全技术培训并考试合格，无妨碍工作的病症	

6.1.2 召开班前会

序号	内　容	标　准	备 注
1	人员分工	根据作业内容及工作量确定具体的人员分工	
2	技术交底	明确作业方法、工艺及质量标准	
3	进行危险点分析并制定控制措施	危险点分析及控制措施详尽并有针对性	

6.1.3 填写并签发工作票

完整填写线路第一种工作票并履行审批、签发手续。

6.2 作业实施阶段

6.2.1 作业开工

序号	工作项目	工作内容或要求	备 注
1	办理工作许可手续	作业前与调度联系线路确已停电，办理工作许可手续，并且安全措施已布置完毕，可以作业	
2	宣读工作票	1．工作负责人召集全体人员列队，宣读工作票，工作人员列队认真听票。 2．工作负责人讲明工作中的危险点及控制措施，并进行提问，无问题后工作班人员在工作票上签字确认后，方可开始作业	
3	核对工作范围及设备	工作负责人接到工作许可命令后，率领工作班成员到达现场。工作负责人要亲自按工作票、缺陷传递单核对作业线路名称、杆塔号和色标	
4	验电、挂接地线	1．由专人用合格的验电器在作业地段前后杆塔验电，并设专人监护。 2．验明线路确无电压后，开始装设接地线。应先接接地端后接导线端，接地线应接触良好，连接可靠；接地线不得缠绕	

6.2.2 作业内容及质量控制流程

序号	作业项目或内容	作业要求及工艺质量标准
1	工器具材料摆放	在杆位附近选一较平坦处，将所用工器具及材料依次摆放好
2	避雷器组装及检查	1．按 3.2.1 避雷器在安装前检查要求对避雷器进行检查。 2．组装好横担角钢夹件和避雷器本体。 3．组装绝缘子放电间隙环，按设计说明要求调整好间隙距离。 4．将组装好的避雷器本体和绝缘子间隙，用 WS-7 球头挂板和 QP-7 球头挂环等金具相连接，保证各部位转动灵活

表（续）

序号	作业项目或内容	作业要求及工艺质量标准
3	人员就位及工具安装	1．登塔前正确配戴个人安全用具，杆塔有防坠装置的，应使用防坠装置，登塔过程中，双手不得携带物品。 2．杆塔上人员，必须正确使用安全带（绳），在杆塔上作业转位时，不得失去安全带保护。 3．塔上电工带滑车绳登塔在合适位置安装好，并起吊安装出线工具（平梯或软梯）。 4．导线侧电工通过平梯或软梯进入导线侧
4	安装避雷器	1．起吊避雷器时，应注意绳子绑扎牢固。 2．绳索与避雷器接触面，绑扎时应有保护。防止合成硅橡胶损伤。 3．避雷器安装必须严格按照生产厂家提供的安装说明书进行组装。 4．避雷器的出厂试验报告，避雷器原始读数记录应回收，作为原始资料保存。 5．避雷器安装过程应严格遵守 3.2.2 的要求。 6．安装好后，应按 3.2.3 避雷器安装后验收检查要求，做好相关项目的自查、测量工作
5	拆除工具	1．所有工具，材料均应使用绳索传递。 2．导线侧人员使用软梯回到横担，不得踩踏避雷器。 3．工作完成后，必须检查清点所带工具是否齐全，防止工具遗漏在杆塔上

6.3 作业结束阶段

序号	工作程序名称	工作内容或要求	备注
1	作业现场清理	达到工完、场清、料净	
2	盘点工具、材料数量	按工器具和材料附表核实工具、材料数量	
3	申请办理质量验收	由验收单位按工艺标准及有关规程组织施工质量验收	
4	拆除接地线、人员撤离	工作结束后，工作负责人检查作业现场无问题、确定所有人员下塔后，下令拆除接地线	
5	办理工作票终结手续	工作负责人向工作许可人汇报作业结束，现场人员全部下塔后，线路所挂的接地线已全部拆除，没有遗留问题，可以恢复送电	

6.4 作业小结

（1）召开班后会。

（3）将新安装的线路型避雷器参数等台账录入 GPMS 系统。

（3）班前会和班后会录音上传至 GPMS 系统，并做好登记。

（4）将本次作业过程记录录入到 GPMS 系统，进行评估和终结作业流程。

思考与练习

1．避雷器在安装前应做哪些检查？

2．避雷器在安装过程要遵守哪些要求？

3．避雷器安装后做哪些检查？

4．直线塔上安装带支撑绝缘间隙避雷器，运行一段时间后发生避雷器连接部位断裂掉落故障，分析其可能的原因有哪些，应如何防范？

第二部分 标准化作业文本

1 标准化作业指导书

××kV××线××号塔停电安装×相线路型

避雷器作业指导书

编写：__________ ______年____月____日

审核：__________ ______年____月____日

批准：__________ ______年____月____日

工作负责人：

作业日期：　　年　　月　　日　　时至　　年　　月　　日　　时

××××公司

1 范围

本指导书适用于××kV××线#×塔停电安装×相线路型避雷器作业。

2 引用文件

GB 50233—2005 《110～500kV 架空电力线路施工及验收规范》
GB 26859—2011 《电力安全工作规程（线路部分）》
JBT 10497—2005 《交流输电线路用复合外套有串联间隙金属氧化物避雷器》
DL/T 815—2002 《交流输电线路用复合外套金属氧化物避雷器》
DL/T 5092—1999 《110～500kV 架空送电线路设计技术规程》
DL/T 741—2010 《架空输电线路运行规程》
DL/T 5168—2002 《110～500kV 架空电力线路工程施工质量检验及评定规程》
DL 5009.2—2004 《电力建设安全工作规程（架空电力线路）》
国家电网安监〔2009〕664 号 《国家电网公司电力安全工作规程（线路部分）》
国家电网生〔2006〕935 号 《架空输电线路管理规范》
国家电网公司 《110（66）kV～500kV 架空输电线路运行规范》
国家电网公司 《110（66）kV～500kV 架空输电线路检修规范》
国家电网公司 《110（66）kV～500kV 架空输电线路检修导则》
国家电网生技〔2005〕173 号 《110（66）kV～500kV 架空输电线路检修规范》
国家电网安监〔2009〕664 号 《国家电网公司电力安全工作规程（线路部分）》
国家电网公司 《110（66）kV～750kV 避雷器运行规范》
国家电网公司 《110（66）kV～750kV 避雷器技术标准》

3 环境条件

（1）作业现场的生产条件和安全设施应符合有关标准、规范的要求。

（2）作业应在良好的天气下进行，工作中遇有雷、雨、雾及五级以上的大风等恶劣天气时，应立即停止工作。

4 作业人员组织与分工

4.1 作业任务及分工（另见安全质量控制卡）

（1）工作负责人 1 名，负责工作组织、监护。

（2）塔上监护人 1 名，负责塔上作业人员安全监护。

（3）杆上电工 2 名（横担侧和导线侧电工各一名），负责验电接地和安装避雷器等塔上工作。

（4）地面电工 1 名，负责地面配合工作。

（5）地面辅助工 2 名，负责工具材料搬运，配合传递工器具材料等。

4.2 作业人员标准与职责

√	序号	岗位	标　准	职　责	其他要求
	1	工作负责人	1．精神状态良好、责任心强。 2．经《电业安全工作规程》考试合格，局安保部批准可以担任送电线路工作负责人的人员	1．组织作业人员进行安全交底、学习本指导书，并进行录音。 2．工作票的开工、终结办理。 3．监督工作段接地线是否挂好、足够。 4．检查各种作业工器具、材料及劳保用品是否完备	1．精神状态良好。 2．具备必要的电气知识，并经《电业安全工作规程》考试合格。 3．进入作业现场，穿合格工作服、工作鞋，戴好安全帽。 4．作业中互相关心施工安全及时纠正不安全的行为
	2	监护人	1．精神状态良好、责任心强。 2．经《电业安全工作规程》考试合格，局安保部批准可以担任送电线路工作负责人的人员	1．监护本小组作业人员的安全。 2．对本小组作业人员安全负责	
	3	塔上电工	1．取得送电线路专业上岗证书。 2．无影响高空作业病症	1．安装、拆卸施工工具。 2．高空完成避雷器安装。 3．工艺质量主要控制人	
	4	地面电工	1．取得送电线路专业上岗证书。 2．头脑清醒、熟悉地面工作	1．组装施工工具、避雷器。 2．升、放施工工具、材料。 3．指导民工安全协助施工。 4．协助监护现场作业人员的安全	
	5	辅助电工（民工）	通过安全教育，掌握线路作业有关安全事项，了解工具的使用、搬运方法	1．搬运施工工具、材料。 2．协助地面电工升、放施工工具、材料	

5 作业前准备

5.1 设备了解

√	序号	准备内容及要求	备　注
	1	了解作业设备的名称、编号、位置及近邻设备情况	
	2	了解作业时的停电范围及近邻设备运行状态	
	3	了解作业杆塔型式、导线、线路型避雷器型号等相关参数及所处地形、地貌	
	4	了解避雷器悬挂点组件安装方法	
	5	了解交叉跨越情况	
	6	了解当天天气状况	

5.2 工具准备

5.2.1 安全工具准备

√	序号	工具名称	规格型号	单位	数量	备　注
	1	验电笔	与检修线路设备电压等级相适应	把	2	
	2	接地线	与检修线路设备电压等级相适应	副	2	
以上作业工器具机械及电气强度均应满足《电业安全工作规程》要求，周期预防性、检查性试验合格						

5.2.2 作业工具准备

√	序号	工 具 名 称	规格型号	单位	数量	备 注
	1	单轮滑车	1.0t	只	1	承力工具的规格型号应根据实际线路的核算选定；出线工具直线塔可选用软梯，耐张塔可选用平梯
	2	尼龙千斤	ϕ16	条	2	
	3	绳索	ϕ12	条	1	
	4	手扳葫芦	2t	把	1	
	5	卸扣	2.1（M24）	只	3	
	6	出线工具（含配套安装部件）		副	1	
以上作业工器具机械及电气强度均应满足《电业安全工作规程》要求，周期预防性、检查性试验合格						

5.2.3 个人工具准备

√	序号	工 具 名 称	规格型号	单位	数量	备 注
	1	安全帽	HT-7A	顶	5	
	2	背带式安全带	T3XB	副	2	
	3	扳手	12in	把	1	
	4	扳手	10in	把	1	
	5	钳子	—	把	1	
	6	取销钳	—	把	1	
以上作业工器具机械及电气强度均应满足《电业安全工作规程》要求，周期预防性、检查性试验合格						

5.3 材料准备

√	序号	名 称	型 号	单位	数量	备 注
	1	线路型避雷器	根据设计图纸确定	只	1	
	2	支撑绝缘子	根据设计图纸确定	支	1	
	3	均压环	根据设计图纸确定	只	2	
	4	雷电计数器	根据设计图纸确定	只	1	
	5	挂点金具	根据设计图纸确定	套	1	避雷器本体与杆塔连接部件
	6	连接金具	根据设计图纸确定	套	1	球头、碗头、挂板等
	7	悬垂线夹	与检修线路设备相适应		1	
	8	铝包带	—	m	1	

5.4 其他准备事项

√	序号	准 备 内 容	执行时限	责任人签名
	1	按规定向调度提出停电申请，并得以许可	提前 3 个工作日	
	2	组织学习本作业指导书	提前 1 天	
	3	按《电业安全工作规程》要求填写线路第一种工作票	提前 1 天	
	4	准备好停电检修线路识别标志卡	提前 1 天	

表（续）

√	序号	准 备 内 容	执行时限	责任人签名
	5	工作负责人宣读工作票、再次交待工作任务、作业危险点安全措施及注意事项	当天工作前	
	6	工作班成员明确工作任务、安全措施及注意事项后在工作票上签字	当天工作前	

6 危险点分析及预控措施

危险点	预 控 措 施
6.1 防触电、感应电	1．开工前办理线路第一种工作票。 2．采用合格验电器进行验电。 3．在工作地段两端挂接地线。 4．挂接地线要先挂接地端，后挂导线端，拆除时，顺序相反。 5．应使用合格接地线，接地线挂完后，应保证各部位连接可靠。 6．分组作业时，各工作组应按要求挂防感应电保安线。 7. 接地线没有全部挂好之前禁止上塔检修，应确保全线作业人员工作完毕并已撤离后方可拆除接地线，接地线拆除后，严禁所有人员上塔。 8．工作负责人（工作监护人）应认真履行监护职责，及时制止工作人员的违章行为
6.2 防误登杆塔	1．工作负责人应向全体作业人员宣读工作票、讲明工作地段、工作时间，任务及有关情况。 2．现场作业人员配戴该停电检修线路的识别标志卡。 3．上塔前必须核对认清设备的名称、编号、位置、及状态
6.3 防高空坠落	1．登杆塔前应检查杆根、杆塔基础是否牢固，拉线是否完好。 2．登铁塔前应注意塔上是否有马蜂窝，若发现马蜂窝，应采取防蜇措施，方可登塔作业。 3．杆塔上作业必须使用安全带及个人双控保护绳，使用时安全带应系在杆塔的牢固构件上，防止受力后脱出或被锋利物割伤。 4．上下塔应抓牢杆塔主材，避免抓脚钉。 5．有妨碍高空作业的病症不得登塔作业。 6．遇有雷雨不得登塔作业。 7．酒后严禁作业
6.4 防人员砸伤	1．作业现场所有人员均应戴安全帽。 2．作业时作业位置下方不准有人逗留，传递工具、材料应在侧面进行并应绑扎牢固，不得随意抛掷。 3．杆塔上作业人员要防止掉东西，使用的工器具、小材料应装在工具袋里。 4．传递物品所用绳索应完好无断股、灯笼
6.5 防工具故障	1．准备工具时规格型号应匹配、性能良好、安全系数足够，并检查其外观是否良好，试验是否过期，发现有损伤或其他异常情况应停止使用，禁止冒险作业。 2．传递工具时应用绳索绑扎牢固，不得随意抛掷
6.6 防避雷器运行后断落	1．避雷器各连接部位的转动空间可能受限时，应在各连接部位适当增加直角挂板等连接金具，加大各连接部件转动空间裕度。 2．选用信誉好的厂家，确保避雷器端部金具材质良好，有足够抗弯强度。 3．在直线塔上尽量采用带纯空气间隙线路型避雷器。 4．应按设计图纸施工，不得随意减少连接金具
6.7 其他	在恶劣天气且未采取必要的安全措施进行作业（如遇雷、雨、雪、雾、风力大于5级等）

7 安全措施及注意事项

√	序号	内容
	1	严格认真执行工作票制度，各级人员安全职责明确。工作负责人在每天开工前应认真组织开好班前会，明确每个人的工作任务，安全注意事项和要求
	2	工作负责人必须在得到工作许可人的工作许可命令后，方可指挥本班工作人员在停电工作线路上验电、接地（工作段两端和可能来电的T接点），而后进行线路检修作业
	3	110～220kV的停电检修线路上若有感应电压存在时应加挂接地线，若要进行短接线路绝缘子串的工作，则必须在工作点先加挂一组接地线，而后方可开始工作
	4	对停电线路进行验电，挂接地线时，应严格按照《电业安全工作规程》规定的操作程序和要求执行。送电线路的验电接地必须使用合格的、相应电压等级的专用验电器和接地线
	5	对停电线路进行验电、接地时，必须使用合格的、相应电压等级的专用验电器和接地线。在对线路进行验电前，必须先对验电器的声、光信号进行检查，不正常的验电器严禁使用
	6	同塔双回路架设或多回路平行走向的送电线路，其中一回线路停电检修时，作业人员上杆塔前，必须至少有两人共同确认停电线路的名称、左右线和杆塔号后，再在一人监护的条件下登杆塔作业。不得进入带电侧横担，并与带电体保持110kV－3.0m、220kV－4.0m及以上安全距离
	7	送电线路检修作业小组每小组至少有两人协作，工作监护人在本组人员没有触电危险的条件下，可以参加工作，但不得分散单人单杆塔单独作业
	8	送电线路检修作业人员在攀登杆塔之前，应对本杆塔的本体及其基础、拉线和脚钉（爬梯）的稳固情况进行检查。凡发现杆塔本体结构改变，杆塔基础（包括拉线基础）有塌方、下陷、冲刷、开挖等危及杆塔稳定的，杆塔拉线损坏或受力不平衡的，爬梯或脚钉损坏影响作业人员安全的情况等，作业人员不得上杆塔作业。但通过对杆塔拉线的调整、修复后恢复杆塔稳定的，爬梯或脚钉修复后不影响攀登杆塔人员安全的，作业人员可继续攀登杆塔进行线路检修作业
	9	杆塔上作业人员必须使用双控安全带，且安全带应系在杆塔上牢固的构件上，并防止安全带被锋利的构件割伤。系安全带时，尚应注意正确搭扣、紧固并防止松脱
	10	在邻近带电电力线路的停电线路上工作使用绳索时，应控制好绳索，避免其因风飘移造成对带电线路的安全距离不足
	11	杆塔上作业人员应使用工具包，注意防止工器具、材料掉落，工器具、材料上下杆塔应使用绳索传递，严禁直接从杆塔上扔下。使用绳索进行工器具、材料传递时，应注意规范系好、系牢被传递物品，避免其在传递过程中突然掉落。高空作业点下方和物品传递位下方不得有人员逗留
	12	在线路检修作业过程中若遇雷、雨、大风（同塔双回路架设线路五级、单回架设线路六级）天气，或其它威胁作业人员安全的情况时，作业人员应及时向工作负责人汇报，工作负责人应根据现场具体情况，可临时中断工作。连续两天及以上的线路停电检修夜间中断工作，以及上述因故中断工作后的恢复工作之前，工作负责人应事先派人对线路上的接地线等安全措施进行检查，各项安全措施完整没问题后方可继续工作。凡在中断工作时拆除线路临时接地线的，在恢复工作前必须再次先进行验电、接地后方可继续工作。凡工作票已终结的，要再次进行工作的，则必须重新办理工作票，履行工作许可手续
	13	各检修班组在停电线路上所挂接的所有临时的或固定的接地线，均必须登记在册并明确其负责人，工作结束时及时校对，确保无误
	14	采用合成绝缘子串的送电线路检修时，作业人员进出导线必须使用出线工具，不得直接沿合成绝缘子串直接进出导线。出线工具的搭架（包括单联绝缘子或玻璃瓶串的出线）必须规范、牢靠
	15	作业人员进入金具、绝缘子串时，必须首先对金具、绝缘子串的联接情况进行检查，若发现金具、绝缘子串的联结有异常或损坏，影响作业人员的安全时，作业人员应立即退出金具、绝缘子串。对通过对其进行修复后不影响作业人员安全的，以及确认其联结正常的，可继续进行检修作业
	16	在线路检修作业现场，任何人发现有违规者，有责任予以当场指出并予以纠正

8 作业程序

8.1 开工

√	序号	内容	责任人签名
	1	工作负责人办理线路第一种工作票	
	2	工作负责人下令在工作地段两端验电、挂接地线	
	3	工作负责人接到工作地段两端接地线均已挂好的通知后，宣布开工	

8.2 作业内容及标准

√	序号	作业内容	作业工序及标准	安全措施及注意事项	责任人签字
	1	避雷器组装及检查	1．按要求对避雷器进行检查。 2．组装好横担角钢夹件和避雷器本体。 3．组装绝缘子放电间隙环，按设计说明要求调整好间隙距离。 4．将组装好的避雷器本体和绝缘子间隙，用 WS-7 球头挂板和 QP-7 球头挂环等金具相连接	1．检查包装箱是否破损、受潮，制造厂家、产品名称及型号是否与所订购产品一致。 2．随产品提供的包装清单、产品出厂合格证明书、安装使用说明书是否完整。 3．检查避雷器的例行试验结果是否合格。 4．对照包装清单检查备品附件是否缺少或损坏。 5．检查避雷器的外观和铭牌是否缺少或损坏，避雷器的压力释放板是否完好无损，封口处密封应良好。 6．铭牌与所订购的产品是否一致。 7．避雷器裙伞应干净，不得粘污泥土、砂粒等污染物。 8．复合外套表面单个缺陷面积（如缺胶、杂质、凸起等）不应超过 $5mm^2$，深度不大于 1mm，凸起表面与合缝应清理平整，凸起高度不应超过 0.8mm，粘接缝凸起高度不应超过 1.2mm，总缺陷面积不应超过复合外套总表面积的 0.2%，且憎水性应良好。 9．检查、记录计数器动作次数，记数器密封应良好。 10．带串联间隙避雷器的间隙应符合设计要求	
	2	人员就位及工具安装	1．横担侧电工带滑车绳登塔至作业位置，安装好滑车绳。 2．地面电工配合吊升出线工具。 3．导线侧电工相继登塔并使用梯具进入导线位置	1．工具应绑扎牢固。 2．作业位置下方禁止人员逗留。 3．全体作业人员均应戴好安全帽。 4．导线侧电工移位时不得失去安全带和双控保护绳的保护。 5．登塔前正确佩带个人安全用具，杆塔有防坠装置的，应使用防坠装置，登塔过程中，双手不得携带物品。 6．杆塔上人员，必须正确使用安全带（绳），在杆塔上作业转位时，不得失去安全带保护。 7．塔上电工带滑车绳登塔在合适位置安装好，并起吊安装出线工具（平梯或软梯）。 8．导线侧电工通过平梯或软梯进入导线侧，不得踩踏复合绝缘子	

表（续）

√	序号	作业内容	作业工序及标准	安全措施及注意事项	责任人签字
	3	安装避雷器	1．横担侧电工在横担上安装好避雷器挂点金具。 2．导线侧电工在导线上安装好悬垂线夹。 3.在地面电工配合下起吊安装组装好的避雷器和支撑绝缘子。 4.安装雷电计数器	1．安装的避雷器裙伞应保持干净，不得粘污泥土、砂粒等污染物。 2．人员不得攀爬避雷器设备，以防避雷器绝缘外套出现裂纹或发生避雷器断裂伤人。 3．避雷器吊装过程应采取措施，防止碰撞损坏。 4．作业时应采取防止工器具碰伤绝缘子的措施，安装中严禁踩踏复合绝缘子上下导线。 5．采用螺丝连接时，必须使用弹簧垫片。 6．避雷器的引流线接线板严禁使用铜铝过渡。 7.塔上固定支架、导体上线夹安装位置必须选择正确，以满足电气距离要求。 8．避雷器本体应尽量垂直悬挂安装，并满足设计（或厂家安装使用说明）电气距离要求。 9．对于带绝缘支撑间隙的避雷器：其避雷器本体与杆塔横担、支撑间隙绝缘子及导线的连接，各连接部位均应采用链接结构，并严格按设计图纸要求进行安装，禁止擅自取消连接金具，确保各连接部位转动灵活，并留有裕度，其安装结构可参考图 1-2。 10．避雷器线夹上的弹簧销子一律向受电侧穿入，螺栓及穿钉凡能顺线路方向穿入者一律宜向受电侧穿入，特殊情况两边线由内向外，中线由左向右穿入。 11．线路型避雷器不能作为悬式绝缘子承受导线张力。 12．避雷器计数器引线要安装正确并且要紧固在塔材上，确保对导线有足够的安全距离。 13．安装好后，应按要求，做好相关项目的自查、测量工作	
	4	拆除工具	1．导线侧电工退至横担拆除出线工具。 2．地面电工在塔上电工的配合下把作业工具放至地面。 3．塔上电工全部下塔	1．所有工具，材料均应使用绳索传递，绑扎要牢固。 2．导线侧人员使用软梯回到横担，不得踩踏避雷器。 3．工作完成后，必须检查清点所带工具是否齐全，防止工具遗漏在杆塔上。 4．导线侧电工退出导线时不能失去安全带和双控保护绳的保护	

8.3 竣工

√	序号	内　　容	负责人签字
	1	清理工作现场，做到人走场清	
	2	工作负责人检查现场无问题后，办理工作票终结手续	
	3	作业总结、控制卡签字	

9 消缺记录

√	序号	缺 陷 内 容	处 理 办 法	消缺人签字
	1			
	2			

10　验收总结

序号	检修总结		责任人签字（监护人）
1	验收评价		
2	存在问题及整改意见		

11　指导书执行情况评估

评估内容	符合性	优		可操作	
		良		不可操作项	
	可操作性	优		修改项	
		良		遗漏项	
存在问题					
改进意见					

12　附录

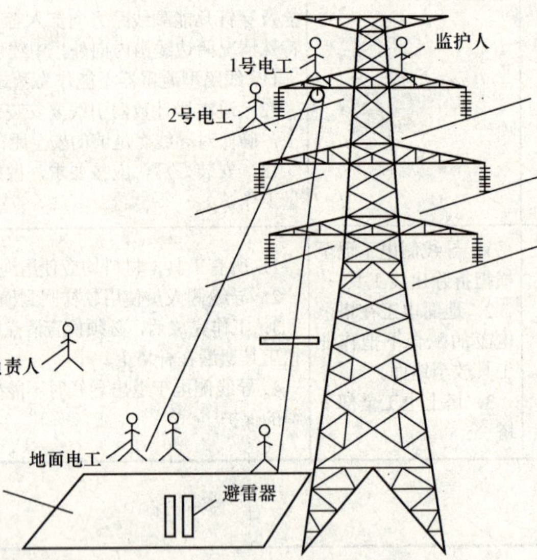

2 安全质量控制卡

编号：××××××

班组作业安全质量控制卡

作业名称：××kV××线×号塔停电安装×相线路型避雷器

编制：×××　　审批：×××

工作负责人：×××　　小组成员：×××、×××

作业性质：停电作业

计划时间：××年×月×日×时×分至××年×月×日×时×分

1 作业前

1.1 内业准备

序号	类 别	规 格	单位	数量	确认
1. 工器具和材料					
1.1	安全帽	HT-7A	个	5	
1.2	背带式安全带	T3XB	套	2	
1.3	个人工具		套	2	
1.4	单轮滑车	1.0t	只	1	
1.5	尼龙千斤	$\phi16$	条	2	
1.6	绳索	$\phi12$	条	1	
1.7	手扳葫芦	2t	把	1	
1.8	卸扣	2.1（M24）	只	3	
1.9	出线工具（含配套安装部件）		副	1	
1.10	验电笔	同线路电压等级	支	1	
1.11	接地线	截面积不得小于 $25mm^2$	组	2	
1.12	取销钳		把	2	
1.13	线路型避雷器	根据设计图纸确定	只	1	
1.14	支撑绝缘子	根据设计图纸确定	支	1	
1.15	均压环	根据设计图纸确定	只	2	
1.16	雷电计数器	根据设计图纸确定	只	1	
1.17	挂点金具	根据设计图纸确定	套	1	
1.18	连接金具	根据设计图纸确定	套	1	
1.19	悬垂线夹	与检修线路设备相适应		1	
1.20	铝包带	—	m	1	
1.21	弹簧销		颗	若干	

表（续）

序号	类 别	规 格	单位	数量	确认
2．作业文件					
2.1	工作票编号	×××			
2.2	现场勘察单	□已勘察 □无需勘察			
2.3	检修记录卡				
3．录音笔					
4．实际综合人日	技工		民工		

1.2 出工准备

序号	名 称	确认
1	任务分工	
2	出工三检查（检查作业人员着装、劳动防护用品和精神状态）	

2 作业中

2.1 班前会

2.1.1 危险点分析及安全控制措施交底

序号	危险点分析	安全控制措施	确认
1	触电、感应电	1．开工前办理线路第一种工作票。 2．采用合格验电器进行验电。 3．在工作地段两端挂接地线。 4．挂接地线要先挂接地端，后挂导线端，拆除时，顺序相反。 5．应使用合格接地线，接地线挂完后，应保证各部位连接可靠。 6．各工作组应挂防感应电保安线。 7．接地线没有全部挂好之前禁止上塔检修，应确保全线作业人员工作完毕并已撤离后方可拆除接地线，接地线拆除后，严禁所有人员上塔。 8．凡是有进入导线作业的人员必须使用个人保安线	
2	误登杆塔	1．工作负责人应向全体作业人员宣读工作票、讲明工作地段、工作时间，任务及有关情况。 2．现场作业人员配戴该停电检修线路的识别标志卡。 3．上塔前必须核对认清设备的名称、编号、位置及状态	
3	高空坠落	1．登杆塔前应检查杆根、杆塔基础是否牢固，拉线是否完好。 2．登铁塔前应注意塔上是否有马蜂窝，若发现马蜂窝，应采取防蜇措施，方可登塔作业。 3．杆塔上作业必须使用安全带及个人双控保护绳，使用时安全带应系在杆塔的牢固构件上，防止受力后脱出或被锋利物割伤。 4．上下塔应抓牢杆塔主材，避免抓脚钉。 5．有妨碍高空作业的病症不得登塔作业。 6．遇有雷雨不得登塔作业。 7．酒后严禁作业	

表（续）

序号	危险点分析	安全控制措施	确认
4	人员砸伤	1．作业现场所有人员均应戴安全帽。 2．作业时作业位置下方不准有人逗留，传递工具、材料应在侧面进行并应绑扎牢固，不得随意抛掷。 3．杆塔上作业人员要防止掉东西，使用的工器具、小材料应装在工具袋里。 4．传递物品所用绳索应完好无断股、灯笼	
5	工具故障	1．准备工具时规格型号应匹配、性能良好、安全系数足够，并检查其外观是否良好，试验是否过期，发现有损伤或其他异常情况应停止使用，禁止冒险作业。 2．传递工具时应用绳索绑扎牢固，不得随意抛掷	
6	避雷器运行后断落	1．避雷器各连接部位的转动空间可能受限时，应在各连接部位适当增加直角挂板等连接金具，加大各连接部件转动空间裕度。 2．选用信誉好的厂家，确保避雷器端部金具材质良好，有足够抗弯强度。 3．在直线塔上尽量采用带纯空气间隙线路型避雷器。 4．应按设计图纸施工，不得随意减少连接金具	
7	其他	在恶劣天气且未采取必要的安全措施进行作业（如遇雷、雨、雪、雾、风力大于5级等）	

2.1.2 安全措施确认

我已知晓上述工作内容、地点、计划时间、人员分工、危险因素及防范措施，精神状态良好。 确认签字：

2.2 作业工序

2.2.1 作业组关键工序安全质量控制

序号	关键工序	风险提醒	确认				
1	验电挂接地线	1．对线路逐相进行验电，验明线路确无电压后，即在线路上挂接地线。 2．挂接地线时，其接地端和导线端必须接触良好、可靠。 3．接地线组件在杆塔上绑扎牢固，不大幅摆动或掉落					
2	安装工具	1．滑车绳应安装在牢固的杆塔构件上。 2．工具吊升时应绑扎牢固。 3．应保证承力工具各连接部件在同一直线上，并可靠连接。 4．软梯安装不能与滑车绳同侧					
3	安装避雷器	1．起吊避雷器时，应注意绳子绑扎牢固。 2．绳索与避雷器接触面，绑扎时应有保护。防止合成硅橡胶损伤。 3．避雷器安装必须严格按照生产厂家提供的安装说明书进行组装。 4．避雷器的出厂试验报告，避雷器原始读数记录应回收，作为原始资料保存					

表（续）

<table>
<tr><th>序号</th><th>关键工序</th><th>风险提醒</th><th colspan="5">确认</th></tr>
<tr><td>4</td><td>拆除工具</td><td>1．所有工具，材料均应使用绳索传递。
2．导线侧人员使用软梯回到横担，不得踩踏避雷器。
3．工作完成后，必须检查清点所带工具是否齐全，防止工具遗漏在杆塔上</td><td></td><td></td><td></td><td></td><td></td></tr>
<tr><td>5</td><td>拆除接地线</td><td>确认本班工作人员均已撤离杆塔后，指挥拆除本班所挂接的所有接地线</td><td></td><td></td><td></td><td></td><td></td></tr>
</table>

2.2.2 工作监护

<table>
<tr><td colspan="3">专人监护</td><td colspan="2">是□　　　　否□</td></tr>
<tr><td colspan="3">杆号</td><td>监护人</td><td>登杆人</td></tr>
<tr><td></td><td></td><td></td><td></td><td></td></tr>
</table>

3 作业后

3.1 内业工作

序号	流　　程	要　　求	确认
1	班后会	工作总结、评价及相应措施	
2	GPMS 流程推进	作业管理相关内容填写、上传完整，发现、处理缺陷记录	
3	录音上传	工作许可、安全措施交待录音	
4	作业文件归档	工作票、检修报表检查并归档	

3.2 作业评价

评价情况：经检查，本控制卡：□ 合格 / □ 不合格，存在____问题，已向________________指出。

检查人：________________

_____年____月____日

3　现场勘察单

现 场 勘 察 记 录

勘察单位＿＿＿＿＿＿　　　　编号＿＿＿＿＿＿

勘察负责人＿＿＿＿＿＿　　勘察人员＿＿＿＿＿＿＿＿＿＿＿＿＿＿＿＿＿＿

勘察的线路或设备的双重名称（多回应注明双重称号）：

＿＿＿＿＿＿＿＿＿＿＿＿＿＿＿＿＿＿＿＿＿＿＿＿＿＿＿＿＿＿＿＿＿＿＿＿＿＿

工作任务（工作地点或地段以及工作内容）：＿＿＿＿＿＿＿＿＿＿＿＿＿＿＿＿＿

＿＿＿＿＿＿＿＿＿＿＿＿＿＿＿＿＿＿＿＿＿＿＿＿＿＿＿＿＿＿＿＿＿＿＿＿＿＿

现场勘察内容

1. 需要停电的范围：
2. 保留的带电部位：
3. 作业现场的条件、环境及其他危险点：
4. 应采取的安全措施：
5. 附图与说明：

记录人：＿＿＿＿　　　　　　　　勘察日期：＿＿年＿＿月＿＿日＿＿时＿＿分至＿＿日＿＿时＿＿分

4 电力线路第一种工作票

×××电业局（供电公司）

电力线路第一种工作票

单位：××××　　　　　　编号：××××

1．部门：××××　　工作班组：××××　　工作负责人：×××

2．工作班人员（不包括工作负责人）：甲，乙，丙，丁；辅助工共×人

共 × 人

3．工作线路名称（多回线路应注明双重称号）：220kV××Ⅰ路（左线）

4．工作任务：

工作地点或地段（注明分、支路名称，线路的起止杆号）	工　作　内　容
220kV 城星Ⅰ路 18 号～20 号塔	220kV××Ⅰ路 19 号安装三相线路型避雷器

5．计划工作时间：自××年×月×日×时×分至××年×月×日×时×分

6．安全措施（必要时可附页绘图说明）：

应转为检修状态的线路间隔名称	××kV×××变电站 220kV××Ⅰ路×××间隔
	××kV×××变电站 220kV××Ⅰ路×××间隔
应断开线路上的断路器、隔离开关、跌落式熔断器（名称和编号）	
线路上应挂的操作接地线（应写明线路电压等级、名称、杆号和具体挂设的部位	
配合停电的线路	
其他安全措施和注意事项	

保留或邻近的带电线路、设备：

220kV××Ⅱ路带电运行。

工作班组应挂设的接地线：____________________共有 × 组

线路电压等级、名称和杆号（注明方向）	接地线编号		执行人	
	高压	低压	装设	拆除
220kV××Ⅰ路线路18号塔大号侧	×××		×××	×××
220kV××Ⅰ路线路20号塔小号侧	×××		×××	×××

工作票签发人（施工单位）：×××　××××年××月××日××时××分

工作票签发人（运行单位）：×××　××××年××月××日××时××分

工作负责人：×××

7．确认本工作票1～6项，许可工作：

许可方式	许可工作的时间	许可人（含非本单位配合停电许可）	工作负责人
电话下达	××年×月×日×时×分	×××	×××
	年　月　日　时　分		
	年　月　日　时　分		

8．工作负责人现场补充安全措施（针对防止倒杆、高处坠落、物体打击等的现场安全措施）：

____

____

____

____

9．工作票延期，有效期延长到：____年___月___日___时___分

延期原因：____

工作负责人签名：__________　　值班调度员签名：__________

10．工作人员变动：

增添人员姓名	日	时	分	工作负责人签名	离去人员姓名	日	时	分	工作负责人签名

工作负责人变动：原工作负责人________离去，变更________为工作负责人。

变动时间：___年___月___日___时___分，并已通知工作许可人_____。工作票签发人：____

11．工作终结报告：

全部工作结束，工作班人员已全部撤离，现场已清理完毕，所挂接地线共_____组已经拆除。

终结报告的方式	终结报告的时间	许可人 （含配合停电许可）	工作负责人
电话报告	××××年××月××日××时××分	×××	×××
	年　月　日　时　分		
	年　月　日　时　分		

12．备注：

（1）指定专责监护人：＿＿＿＿＿＿ 负责监护（人员、地点及具体工作）：＿＿＿＿＿＿

＿＿

（2）监督负责人：＿＿＿＿＿＿

（3）其他事项：①作业人员必须持有与220kV城星Ⅰ路杆号牌相同颜色（红色）的登杆标记卡，经核对无误后方可上塔工作；②作业人员必须正确使用合格的双保险背带式安全带等安全防护用具；③其他安全措施和注意事项详见班组作业安全质量控制卡。

13．交任务、交安全措施确认：我对工作负责人布置的工作任务及安全措施已明白无误，所做安全措施已能确保我的工作安全。

工作班人员签名：＿＿＿＿＿＿＿＿＿＿＿＿＿＿＿＿＿＿＿＿＿＿＿＿＿＿＿＿＿＿

14．评价情况：

经检查本票为＿＿＿＿票，存在＿＿＿＿＿＿＿＿＿＿＿＿＿＿＿＿＿＿＿＿＿＿＿＿

＿＿＿＿＿＿＿＿＿＿＿＿＿＿＿＿＿＿＿＿＿＿问题，已向＿＿＿＿＿指出。

检查人：＿＿＿＿＿＿

＿＿＿＿年＿＿＿＿月＿＿＿＿日

思考与练习答案

1．答：（1）检查包装箱是否破损、受潮，制造厂家、产品名称及型号是否与所订购产品一致。

（2）随产品提供的包装清单、产品出厂合格证明书、安装使用说明书是否完整。

（3）检查避雷器的例行试验结果是否合格。

（4）对照包装清单检查备品附件是否缺少或损坏。

（5）检查避雷器的外观和铭牌是否缺少或损坏，避雷器的压力释放板是否完好无损，封口处密封应良好。

（6）铭牌与所订购的产品是否一致。

（7）避雷器裙伞应干净，不得粘污泥土、砂粒等污染物。

（8）复合外套表面单个缺陷面积（如缺胶、杂质、凸起等）不应超过 $5mm^2$，深度不大于 1mm，凸起表面与合缝应清理平整，凸起高度不应超过 0.8mm，粘接缝凸起高度不应超过 1.2mm，总缺陷面积不应超过复合外套总表面积的 0.2%，且憎水性应良好。

（9）检查、记录计数器动作次数，记数器密封应良好。

（10）带串联间隙避雷器的间隙应符合设计要求。

2．答：（1）安装的避雷器裙伞应保持干净，不得粘污泥土、砂粒等污染物。

（2）人员不得攀爬避雷器设备，以防避雷器绝缘外套出现裂纹或发生避雷器断裂伤人。

（3）避雷器吊装过程应采取措施，防止碰撞损坏。

（4）作业时应采取防止工器具碰伤绝缘子的措施，安装中严禁踩踏复合绝缘子上下导线。

（5）采用螺丝连接时，必须使用弹簧垫片。

（6）避雷器的引流线接线板严禁使用铜铝过渡。

（7）塔上固定支架、导体上线夹安装位置必须选择正确，必要时应进行专门设计，以满足电气距离要求。

（8）避雷器本体应尽量垂直悬挂安装，并满足设计（或厂家安装使用说明）电气距离要求。

（9）为了方便安装或调整电气距离，施工时应多备带延长环、各种挂板等调节长度及角度的线路金具。

（10）对于带绝缘支撑间隙的避雷器：其避雷器本体与杆塔横担、支撑间隙绝缘子及导线的连接，各连接部位均应采用链接结构，并严格按设计图纸要求进行安装，禁止擅自取消连接金具，确保各连接部位转动灵活，并留有裕度，其安装结构可参考图 1-2。

（11）对于采用纯空气间隙的避雷器：避雷器本体与延伸横担（可采用槽钢或角钢支架延导线方向伸出）及杆塔横担的连接采用刚性结构，安装时应采用双螺栓双螺母锁紧，避雷器的弧形电极（空间间隙弧型端子）中心与导线相重合且成垂直 90°，确保导线摆动时，空气间隙长度基本恒定，该类型避雷器一般只在直线杆塔应用，其安装结构可参考图 1-3。

（12）避雷器线夹上的弹簧销子一律向受电侧穿入，螺栓及穿钉凡能顺线路方向穿入者一律宜向受电侧穿入，特殊情况两边线由内向外，中线由左向右穿入。

（13）线路型避雷器不能作为悬式绝缘子承受导线张力。

（14）避雷器计数器引线要安装正确并且要紧固在塔材上，确保对导线有足够的安全距离。

3．答：（1）避雷器设备安装或检修工作完成后，应对各部位的连接进行认真检查，确保各紧固件、销钉牢靠到位，转动部件灵活。

（2）检查计数器连接线长度适当，安装正确可靠，确保与导线保持安全距离，检查、记录计数器动作次数。

（3）避雷器安装后应对其各电气距离进行检查复测，不符合要求应及时调整，确保满足设计要求。带串联间隙避雷器主要电气距离见图 1-4，主要有：绝缘子悬垂串与支撑间隙绝缘子悬垂线夹距离（L_1），避雷器串联间隙距离（L_2），避雷器本体高压端至接地体的绝缘距离（L_3），上放电环至绝缘子悬垂串的距离（L_4）。各电气距离应按设计或厂家安装说明进行调整，各电压等级主要电气距离参考值见表 1-1。

4．答：原因：发生断串的直接原因为导线风力的作用下发生风偏摇摆，由于线路避雷器下方同支撑间隙绝缘子连接部件转动不灵活，转动空间有限造成避雷器端部球头承受弯力，且避雷器上的球头金具材质为不锈钢（非标准金具），抗弯强度不高，导致球头发生断裂，造成避雷器同间隙绝缘子脱离。

防范措施：（1）优化避雷器的连接方式，在各连接部位适当增加直角挂板等连接金具，加大避雷器各连接部件转动空间裕度，提高其转动的灵活度。

（2）改良避雷器端部金具材质，提高其抗弯强度。

（3）在直线塔上尽量采用带纯空气间隙线路型避雷器。